D1653762

# Das bist du:

Dein Name: _____

Dein Spitzname: _____

Dein Alter: _____

Deine Personalnummer: _____

Du bist hier seit: _____

Deine Tätigkeit: _____

Deine Stärke: _____

Darauf kannst du verzichten: _____

Dafür schätzen wir dich: _____

Das ist dein Markenzeichen: _____

Dieser Spruch kann nur von dir kommen: _____

_____

Dein Lieblingsessen: _____

*Dafür liebst du uns:* _____

*Deinen Arbeitsplatz kann man wieder erkennen durch:* _____

_____

*Hier konnte dir niemand etwas vormachen:* _____

*Dein Lieblingskollege:* _____

*Dein Lieblingschef:* _____

*Das fällt uns zu dir ein:*

## Zur Erinnerung an mich:

Mein Name: _____

Mein Alter: _____

Hier haben wir uns kennengelernt: _____

Mein erster Eindruck von dir: _____

Meine Tätigkeit: _____

Hier kannst du mich erreichen: _____

Mein schönstes Ereignis mit dir: _____

_____

Dafür schätze ich dich: _____

_____

Das werde ich an dir am meisten vermissen: _____

_____

_____

Foto

*Hier haben wir zusammen gearbeitet:* _____

*Hier sehe ich dich in 5 Jahren:* _____

_____

*Das möchte ich dir auf den Weg geben:*_____

_____

*Meine persönlichen Worte an dich:*

## *Zur Erinnerung an mich:*

Mein Name: _____

Mein Alter: _____

Hier haben wir uns kennengelernt: _____

Mein erster Eindruck von dir: _____

Meine Tätigkeit: _____

Hier kannst du mich erreichen: _____

Mein schönstes Ereignis mit dir: _____

_____

Dafür schätze ich dich: _____

_____

Das werde ich an dir am meisten vermissen: _____

_____

_____

Foto

*Hier haben wir zusammen gearbeitet:* _____

*Hier sehe ich dich in 5 Jahren:* _____

_____

*Das möchte ich dir auf den Weg geben:* _____

_____

*Meine persönlichen Worte an dich:*

## Zur Erinnerung an mich:

Mein Name: _____

Mein Alter: _____

Hier haben wir uns kennengelernt: _____

Mein erster Eindruck von dir: _____

Meine Tätigkeit: _____

Hier kannst du mich erreichen: _____

Mein schönstes Ereignis mit dir: _____

_____

Dafür schätze ich dich: _____

_____

Das werde ich an dir am meisten vermissen: _____

_____

Foto

*Hier haben wir zusammen gearbeitet:* _____

*Hier sehe ich dich in 5 Jahren:* _____

_____

*Das möchte ich dir auf den Weg geben:* _____

_____

*Meine persönlichen Worte an dich:*

## *Zur Erinnerung an mich:*

*Mein Name:* _____

*Mein Alter:* _____

*Hier haben wir uns kennengelernt:* _____

*Mein erster Eindruck von dir:* _____

*Meine Tätigkeit:* _____

*Hier kannst du mich erreichen:* _____

*Mein schönstes Ereignis mit dir:* _____

*Dafür schätze ich dich:* _____

_____

*Das werde ich an dir am meisten vermissen:* _____

_____

_____

Foto

*Hier haben wir zusammen gearbeitet:* _____

*Hier sehe ich dich in 5 Jahren:* _____

_____

*Das möchte ich dir auf den Weg geben:* _____

_____

*Meine persönlichen Worte an dich:*

## *Zur Erinnerung an mich:*

*Mein Name:* _____

*Mein Alter:* _____

*Hier haben wir uns kennengelernt:* _____

*Mein erster Eindruck von dir:* _____

*Meine Tätigkeit:* _____

*Hier kannst du mich erreichen:* _____

*Mein schönstes Ereignis mit dir:* _____

_____

*Dafür schätze ich dich:* _____

_____

*Das werde ich an dir am meisten vermissen:* _____

_____

_____

Foto

*Hier haben wir zusammen gearbeitet:* _____

*Hier sehe ich dich in 5 Jahren:* _____

_____


*Das möchte ich dir auf den Weg geben:*_____

_____


*Meine persönlichen Worte an dich:*

## *Zur Erinnerung an mich:*

*Mein Name:* _____

*Mein Alter:* _____

*Hier haben wir uns kennengelernt:* _____

*Mein erster Eindruck von dir:* _____

*Meine Tätigkeit:* _____

*Hier kannst du mich erreichen:* _____

*Mein schönstes Ereignis mit dir:* _____

_____

*Dafür schätze ich dich:* _____

_____

*Das werde ich an dir am meisten vermissen:* _____

_____

_____

Foto

*Hier haben wir zusammen gearbeitet:* _____

*Hier sehe ich dich in 5 Jahren:* _____

_____

*Das möchte ich dir auf den Weg geben:* _____

_____

*Meine persönlichen Worte an dich:*

## Zur Erinnerung an mich:

Mein Name: _____

Mein Alter: _____

Hier haben wir uns kennengelernt: _____

Mein erster Eindruck von dir: _____

Meine Tätigkeit: _____

Hier kannst du mich erreichen: _____

Mein schönstes Ereignis mit dir: _____

_____

Dafür schätze ich dich: _____

_____

Das werde ich an dir am meisten vermissen: _____

_____

_____

Foto

*Hier haben wir zusammen gearbeitet:* _____

*Hier sehe ich dich in 5 Jahren:* _____

_____


*Das möchte ich dir auf den Weg geben:* _____

_____


*Meine persönlichen Worte an dich:*

## Zur Erinnerung an mich:

Mein Name: _____

Mein Alter: _____

Hier haben wir uns kennengelernt: _____

Mein erster Eindruck von dir: _____

Meine Tätigkeit: _____

Hier kannst du mich erreichen: _____

Mein schönstes Ereignis mit dir: _____

Dafür schätze ich dich: _____

_____

Das werde ich an dir am meisten vermissen: _____

_____

_____

Foto

*Hier haben wir zusammen gearbeitet:* _____

*Hier sehe ich dich in 5 Jahren:* _____

_____

*Das möchte ich dir auf den Weg geben:* _____

_____

*Meine persönlichen Worte an dich:*

## Zur Erinnerung an mich:

Mein Name: _____

Mein Alter: _____

Hier haben wir uns kennengelernt: _____

Mein erster Eindruck von dir: _____

Meine Tätigkeit: _____

Hier kannst du mich erreichen: _____

Mein schönstes Ereignis mit dir: _____

_____

Dafür schätze ich dich: _____

_____

Das werde ich an dir am meisten vermissen: _____

_____

Foto

*Hier haben wir zusammen gearbeitet:* _____

*Hier sehe ich dich in 5 Jahren:* _____

_____

*Das möchte ich dir auf den Weg geben:* _____

_____

*Meine persönlichen Worte an dich:*

## *Zur Erinnerung an mich:*

Mein Name: _____

Mein Alter: _____

Hier haben wir uns kennengelernt: _____

Mein erster Eindruck von dir: _____

Meine Tätigkeit: _____

Hier kannst du mich erreichen: _____

Mein schönstes Ereignis mit dir: _____

_____

Dafür schätze ich dich: _____

_____

Das werde ich an dir am meisten vermissen: _____

_____

_____

Foto

*Hier haben wir zusammen gearbeitet:* _____

*Hier sehe ich dich in 5 Jahren:* _____

_____

*Das möchte ich dir auf den Weg geben:* _____

_____

*Meine persönlichen Worte an dich:*

## *Zur Erinnerung an mich:*

*Mein Name:* _____

*Mein Alter:* _____

*Hier haben wir uns kennengelernt:* _____

*Mein erster Eindruck von dir:* _____

*Meine Tätigkeit:* _____

*Hier kannst du mich erreichen:* _____

*Mein schönstes Ereignis mit dir:* _____

_____

*Dafür schätze ich dich:* _____

_____

*Das werde ich an dir am meisten vermissen:* _____

_____

_____

Foto

*Hier haben wir zusammen gearbeitet:* _____

*Hier sehe ich dich in 5 Jahren:* _____

_____

*Das möchte ich dir auf den Weg geben:* _____

_____

*Meine persönlichen Worte an dich:*

## *Zur Erinnerung an mich:*

*Mein Name:* _____

*Mein Alter:* _____

*Hier haben wir uns kennengelernt:* _____

*Mein erster Eindruck von dir:* _____

*Meine Tätigkeit:* _____

*Hier kannst du mich erreichen:* _____

*Mein schönstes Ereignis mit dir:* _____
_____

*Dafür schätze ich dich:* _____
_____

*Das werde ich an dir am meisten vermissen:* _____
_____
_____

Foto

*Hier haben wir zusammen gearbeitet:* _____

*Hier sehe ich dich in 5 Jahren:* _____

_____

*Das möchte ich dir auf den Weg geben:* _____

_____

*Meine persönlichen Worte an dich:*

## *Zur Erinnerung an mich:*

*Mein Name:* _____

*Mein Alter:* _____

*Hier haben wir uns kennengelernt:* _____

*Mein erster Eindruck von dir:* _____

*Meine Tätigkeit:* _____

*Hier kannst du mich erreichen:* _____

*Mein schönstes Ereignis mit dir:* _____

_____

*Dafür schätze ich dich:* _____

_____

*Das werde ich an dir am meisten vermissen:* _____

_____

_____

Foto

*Hier haben wir zusammen gearbeitet:* _____

*Hier sehe ich dich in 5 Jahren:* _____

_____

*Das möchte ich dir auf den Weg geben:* _____

_____

*Meine persönlichen Worte an dich:*

## *Zur Erinnerung an mich:*

*Mein Name:* _____

*Mein Alter:* _____

*Hier haben wir uns kennengelernt:* _____

*Mein erster Eindruck von dir:* _____

*Meine Tätigkeit:* _____

*Hier kannst du mich erreichen:* _____

*Mein schönstes Ereignis mit dir:* _____

_____

*Dafür schätze ich dich:* _____

_____

*Das werde ich an dir am meisten vermissen:* _____

_____

Foto

*Hier haben wir zusammen gearbeitet:* _____

*Hier sehe ich dich in 5 Jahren:* _____

_____

*Das möchte ich dir auf den Weg geben:* _____

_____

*Meine persönlichen Worte an dich:*

## Zur Erinnerung an mich:

Mein Name: _____

Mein Alter: _____

Hier haben wir uns kennengelernt: _____

Mein erster Eindruck von dir: _____

Meine Tätigkeit: _____

Hier kannst du mich erreichen: _____

Mein schönstes Ereignis mit dir: _____

---

Dafür schätze ich dich: _____

_____

Das werde ich an dir am meisten vermissen: _____

_____

_____

Foto

*Hier haben wir zusammen gearbeitet:* _____

*Hier sehe ich dich in 5 Jahren:* _____

_____

*Das möchte ich dir auf den Weg geben:* _____

_____

*Meine persönlichen Worte an dich:*

## *Zur Erinnerung an mich:*

*Mein Name:* _____

*Mein Alter:* _____

*Hier haben wir uns kennengelernt:* _____

*Mein erster Eindruck von dir:* _____

*Meine Tätigkeit:* _____

*Hier kannst du mich erreichen:* _____

*Mein schönstes Ereignis mit dir:* _____

_____

*Dafür schätze ich dich:* _____

_____

*Das werde ich an dir am meisten vermissen:* _____

_____

_____

Foto

*Hier haben wir zusammen gearbeitet:* _____

*Hier sehe ich dich in 5 Jahren:* _____

_____

*Das möchte ich dir auf den Weg geben:* _____

_____

*Meine persönlichen Worte an dich:*

## *Zur Erinnerung an mich:*

Mein Name: _____

Mein Alter: _____

Hier haben wir uns kennengelernt: _____

Mein erster Eindruck von dir: _____

Meine Tätigkeit: _____

Hier kannst du mich erreichen: _____

Mein schönstes Ereignis mit dir: _____

_____

Dafür schätze ich dich: _____

_____

Das werde ich an dir am meisten vermissen: _____

_____

_____

Foto

*Hier haben wir zusammen gearbeitet:* _____

*Hier sehe ich dich in 5 Jahren:* _____

_____

*Das möchte ich dir auf den Weg geben:* _____

_____

*Meine persönlichen Worte an dich:*

## *Zur Erinnerung an mich:*

Mein Name: _____

Mein Alter: _____

Hier haben wir uns kennengelernt: _____

Mein erster Eindruck von dir: _____

Meine Tätigkeit: _____

Hier kannst du mich erreichen: _____

Mein schönstes Ereignis mit dir: _____

_____

Dafür schätze ich dich: _____

_____

Das werde ich an dir am meisten vermissen: _____

_____

_____

Foto

*Hier haben wir zusammen gearbeitet:* _____

*Hier sehe ich dich in 5 Jahren:* _____
_____

*Das möchte ich dir auf den Weg geben:* _____
_____

*Meine persönlichen Worte an dich:*

## Zur Erinnerung an mich:

Mein Name: _____

Mein Alter: _____

Hier haben wir uns kennengelernt: _____

Mein erster Eindruck von dir: _____

Meine Tätigkeit: _____

Hier kannst du mich erreichen: _____

Mein schönstes Ereignis mit dir: _____

_____

Dafür schätze ich dich: _____

_____

Das werde ich an dir am meisten vermissen: _____

_____

Foto

*Hier haben wir zusammen gearbeitet:* _____

*Hier sehe ich dich in 5 Jahren:* _____

_____

*Das möchte ich dir auf den Weg geben:* _____

_____

*Meine persönlichen Worte an dich:*

## *Zur Erinnerung an mich:*

*Mein Name:* _____

*Mein Alter:* _____

*Hier haben wir uns kennengelernt:* _____

*Mein erster Eindruck von dir:* _____

*Meine Tätigkeit:* _____

*Hier kannst du mich erreichen:* _____

*Mein schönstes Ereignis mit dir:* _____

_____

*Dafür schätze ich dich:* _____

_____

*Das werde ich an dir am meisten vermissen:* _____

_____

_____

Foto

*Hier haben wir zusammen gearbeitet:* _____

*Hier sehe ich dich in 5 Jahren:* _____

_____

*Das möchte ich dir auf den Weg geben:* _____

_____

*Meine persönlichen Worte an dich:*

## *Zur Erinnerung an mich:*

*Mein Name:* _____

*Mein Alter:* _____

*Hier haben wir uns kennengelernt:* _____

*Mein erster Eindruck von dir:* _____

*Meine Tätigkeit:* _____

*Hier kannst du mich erreichen:* _____

*Mein schönstes Ereignis mit dir:* _____

_____

*Dafür schätze ich dich:* _____

_____

*Das werde ich an dir am meisten vermissen:* _____

_____

_____

Foto

*Hier haben wir zusammen gearbeitet:* _____

*Hier sehe ich dich in 5 Jahren:* _____

_____

*Das möchte ich dir auf den Weg geben:* _____

_____

*Meine persönlichen Worte an dich:*

## *Zur Erinnerung an mich:*

Mein Name: _____

Mein Alter: _____

Hier haben wir uns kennengelernt: _____

Mein erster Eindruck von dir: _____

Meine Tätigkeit: _____

Hier kannst du mich erreichen: _____

Mein schönstes Ereignis mit dir: _____

_____

Dafür schätze ich dich: _____

_____

Das werde ich an dir am meisten vermissen: _____

_____

Foto

*Hier haben wir zusammen gearbeitet:* _____

*Hier sehe ich dich in 5 Jahren:* _____

_____

*Das möchte ich dir auf den Weg geben:* _____

_____

*Meine persönlichen Worte an dich:*

## *Zur Erinnerung an mich:*

*Mein Name:* _____

*Mein Alter:* _____

*Hier haben wir uns kennengelernt:* _____

*Mein erster Eindruck von dir:* _____

*Meine Tätigkeit:* _____

*Hier kannst du mich erreichen:* _____

*Mein schönstes Ereignis mit dir:* _____

Foto

_____

*Dafür schätze ich dich:* _____

_____

*Das werde ich an dir am meisten vermissen:* _____

_____

_____

*Hier haben wir zusammen gearbeitet:* _____

*Hier sehe ich dich in 5 Jahren:* _____

_____


*Das möchte ich dir auf den Weg geben:* _____

_____


*Meine persönlichen Worte an dich:*

## *Zur Erinnerung an mich:*

Mein Name: _____

Mein Alter: _____

Hier haben wir uns kennengelernt: _____

Mein erster Eindruck von dir: _____

Meine Tätigkeit: _____

Hier kannst du mich erreichen: _____

Mein schönstes Ereignis mit dir: _____

_____

Dafür schätze ich dich: _____

_____

Das werde ich an dir am meisten vermissen: _____

_____

_____

Foto

*Hier haben wir zusammen gearbeitet:* _____

*Hier sehe ich dich in 5 Jahren:* _____

_____

*Das möchte ich dir auf den Weg geben:* _____

_____

*Meine persönlichen Worte an dich:*

## *Zur Erinnerung an mich:*

*Mein Name:* _____

*Mein Alter:* _____

*Hier haben wir uns kennengelernt:* _____

*Mein erster Eindruck von dir:* _____

*Meine Tätigkeit:* _____

*Hier kannst du mich erreichen:* _____

*Mein schönstes Ereignis mit dir:* _____

_____

*Dafür schätze ich dich:* _____

_____

*Das werde ich an dir am meisten vermissen:* _____

_____

_____

Foto

*Hier haben wir zusammen gearbeitet:* _____

*Hier sehe ich dich in 5 Jahren:* _____

_____

*Das möchte ich dir auf den Weg geben:* _____

_____

*Meine persönlichen Worte an dich:*

## *Zur Erinnerung an mich:*

*Mein Name:* _____

*Mein Alter:* _____

*Hier haben wir uns kennengelernt:* _____

*Mein erster Eindruck von dir:* _____

*Meine Tätigkeit:* _____

*Hier kannst du mich erreichen:* _____

*Mein schönstes Ereignis mit dir:* _____

---

*Dafür schätze ich dich:* _____

_____

*Das werde ich an dir am meisten vermissen:* _____

_____

_____

*Hier haben wir zusammen gearbeitet:* _____

*Hier sehe ich dich in 5 Jahren:* _____

_____

*Das möchte ich dir auf den Weg geben:* _____

_____

*Meine persönlichen Worte an dich:*

## Zur Erinnerung an mich:

Mein Name: _____

Mein Alter: _____

Hier haben wir uns kennengelernt: _____

Mein erster Eindruck von dir: _____

Meine Tätigkeit: _____

Hier kannst du mich erreichen: _____

Mein schönstes Ereignis mit dir: _____

Dafür schätze ich dich: _____

_____

Das werde ich an dir am meisten vermissen: _____

_____

_____

Foto

*Hier haben wir zusammen gearbeitet:* _____

*Hier sehe ich dich in 5 Jahren:* _____

_____

*Das möchte ich dir auf den Weg geben:* _____

_____

*Meine persönlichen Worte an dich:*

# *Zur Erinnerung an mich:*

*Mein Name:* _____

*Mein Alter:* _____

*Hier haben wir uns kennengelernt:* _____

*Mein erster Eindruck von dir:* _____

*Meine Tätigkeit:* _____

*Hier kannst du mich erreichen:* _____

*Mein schönstes Ereignis mit dir:* _____

*Dafür schätze ich dich:* _____

_____

*Das werde ich an dir am meisten vermissen:* _____

_____

_____

Foto

*Hier haben wir zusammen gearbeitet:* _____

*Hier sehe ich dich in 5 Jahren:* _____

_____

*Das möchte ich dir auf den Weg geben:* _____

_____

*Meine persönlichen Worte an dich:*

## *Zur Erinnerung an mich:*

Mein Name: _____

Mein Alter: _____

Hier haben wir uns kennengelernt: _____

Mein erster Eindruck von dir: _____

Meine Tätigkeit: _____

Hier kannst du mich erreichen: _____

Mein schönstes Ereignis mit dir: _____

_____

Dafür schätze ich dich: _____

_____

Das werde ich an dir am meisten vermissen: _____

_____

_____

Foto

*Hier haben wir zusammen gearbeitet:* _____

*Hier sehe ich dich in 5 Jahren:* _____

_____

*Das möchte ich dir auf den Weg geben:* _____

_____

*Meine persönlichen Worte an dich:*

## *Zur Erinnerung an mich:*

*Mein Name:* _____

*Mein Alter:* _____

*Hier haben wir uns kennengelernt:* _____

*Mein erster Eindruck von dir:* _____

*Meine Tätigkeit:* _____

*Hier kannst du mich erreichen:* _____

*Mein schönstes Ereignis mit dir:* _____

*Foto*

*Dafür schätze ich dich:* _____

_____

*Das werde ich an dir am meisten vermissen:* _____

_____

*Hier haben wir zusammen gearbeitet:* _____

*Hier sehe ich dich in 5 Jahren:* _____

_____

*Das möchte ich dir auf den Weg geben:* _____

_____

*Meine persönlichen Worte an dich:*

Copyright
Impressum:
Nattawuth Arumsajjakul
Lissaboner Straße 18
30982 Pattensen

Printed in Poland
by Amazon Fulfillment
Poland Sp. z o.o., Wrocław

23962956R00040